Learn Chinese while playing (+100 games to learn Chinese)

Children's Activities for Learning Chinese Characters - XXL Book

"Learn Chinese by Playing (+100 games to learn Chinese) Children's Activities for Learning Chinese Characters - XXL Book. This children's book offers a variety of pedagogical activities designed specifically for children aged 1 to 8, aimed at naturally introducing them to the learning of Chinese characters, suitable for their age and developmental level. Its main objective is to merge learning with play, through activities such as coloring, matching similar images, among others, while familiarizing children with Chinese characters through visual contact. Below are some features and activities of this book.

Activity: Color the matching characters.
Allows the child to visually familiarize themselves with Chinese characters, identifying their shapes and focusing on the differences between each one to color the identical characters in the same color.

Activity: Form the sentence by coloring the characters.
In a word search with Chinese characters, the child must identify and color the indicated sentence at the top of the sheet. This activity helps the child compare and recognize characters while forming the sentence

Activity: Color the words (word search).
The child searches for and colors specific words in a word search with Chinese characters. This activity encourages searching, identifying, and understanding characters while having fun coloring.

Activity: Find the path with the characters.
Following a path from a diver to a treasure or from a bunny to a carrot, the child will encounter different Chinese characters that will help them find the correct path. This activity combines fun and learning at the same time.

Activity: Reach the exit by following the characters.
Guided by the characters, the child will find the exit of a maze. This activity promotes the ability to follow visual instructions and reinforces the recognition of Chinese characters.

Activity: Connect the matching characters.
The child connects identical characters with lines while observing their meaning through guide drawings strengthening the association between the character's shape and its meaning.

Activity: Coloring.
By coloring drawings, the child will learn how to write and pronounce that object in Chinese, promoting auditory and visual recognition of the language.

Activity: Color the characters.
By coloring large Chinese characters, the child can explore and detail each stroke of the character while coloring it, helping to reinforce visual memory.

Activity: Learn the numbers.
Through the association of drawings with quantities, the child will learn how to write numerical characters in Chinese, facilitating understanding and memorization.

Activity: Write the characters.
In this activity, the child can practice writing previously learned Chinese characters, using guide grids to perfect their writing technique."

LEARN CHINESE WHILE PLAYING

COLOR THE SAME CHARACTERS WITH THE SAME COLOR

shǒu
手
Hand

wáng
王
King

yún
云
Cloud

chū
出
Go out

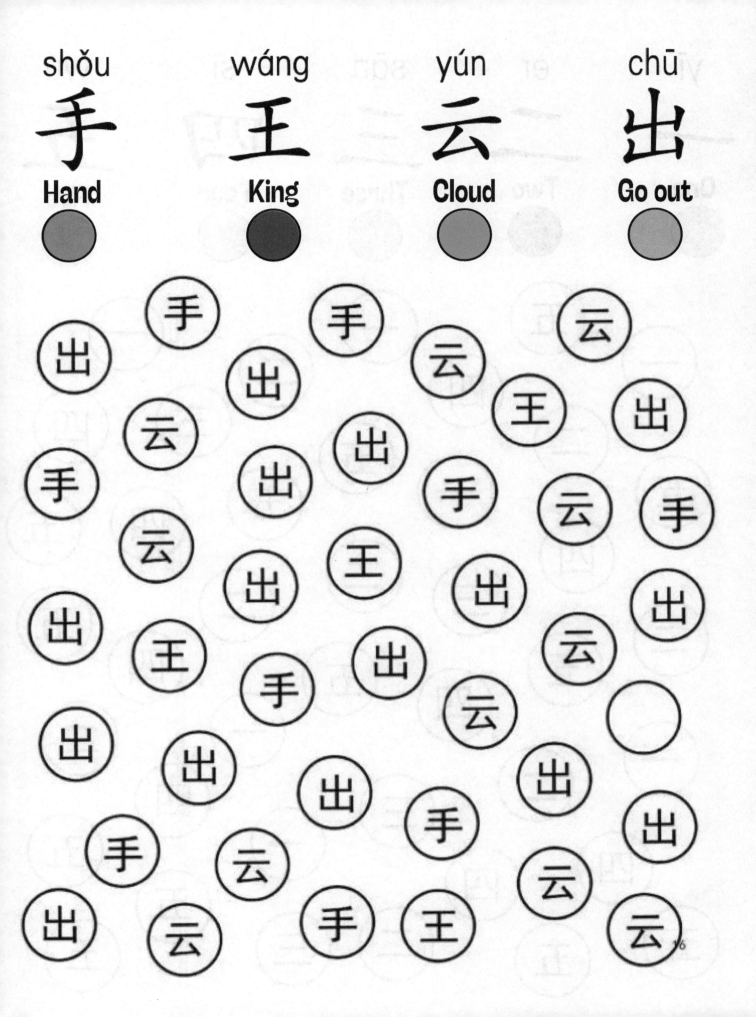

16

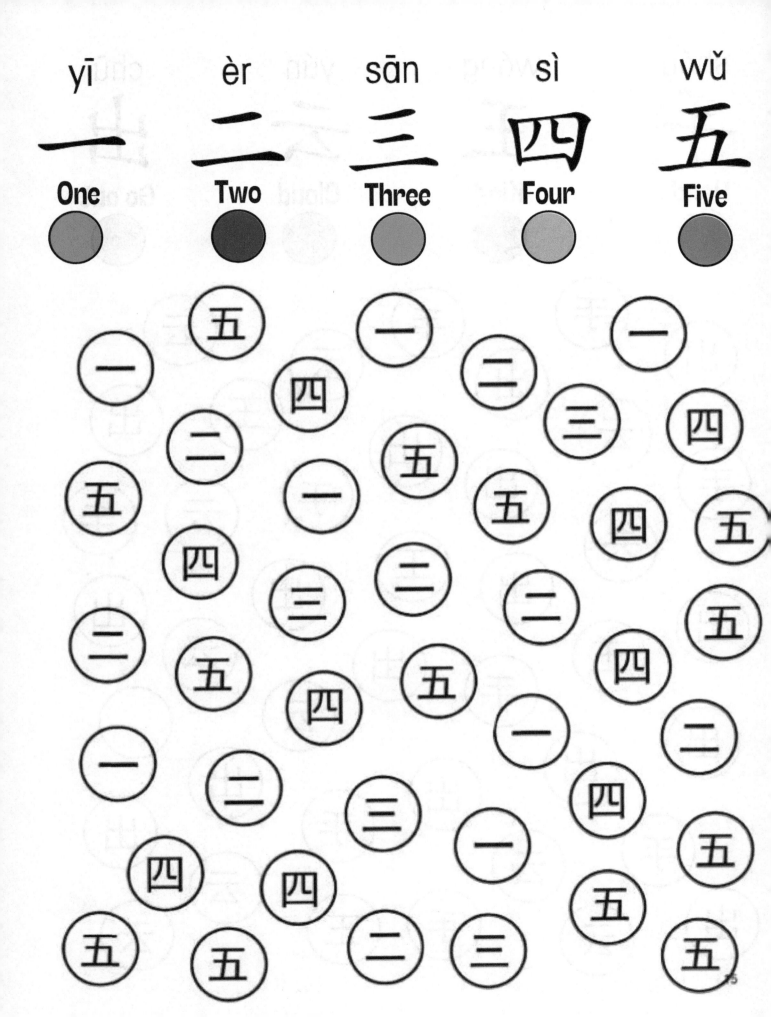

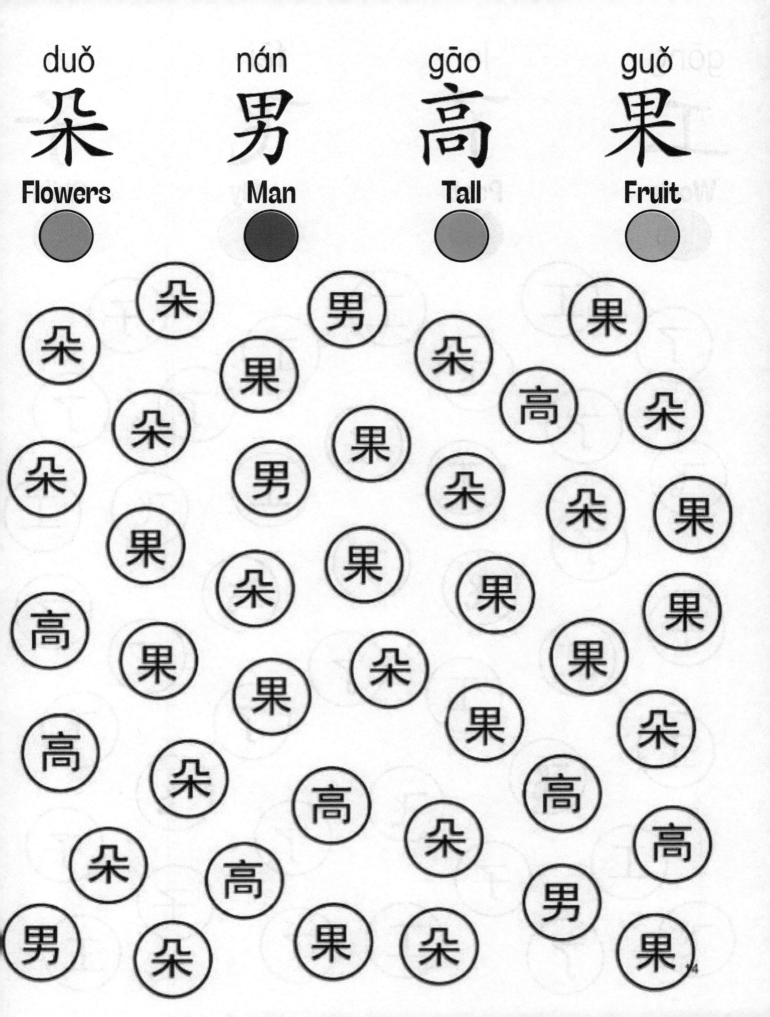

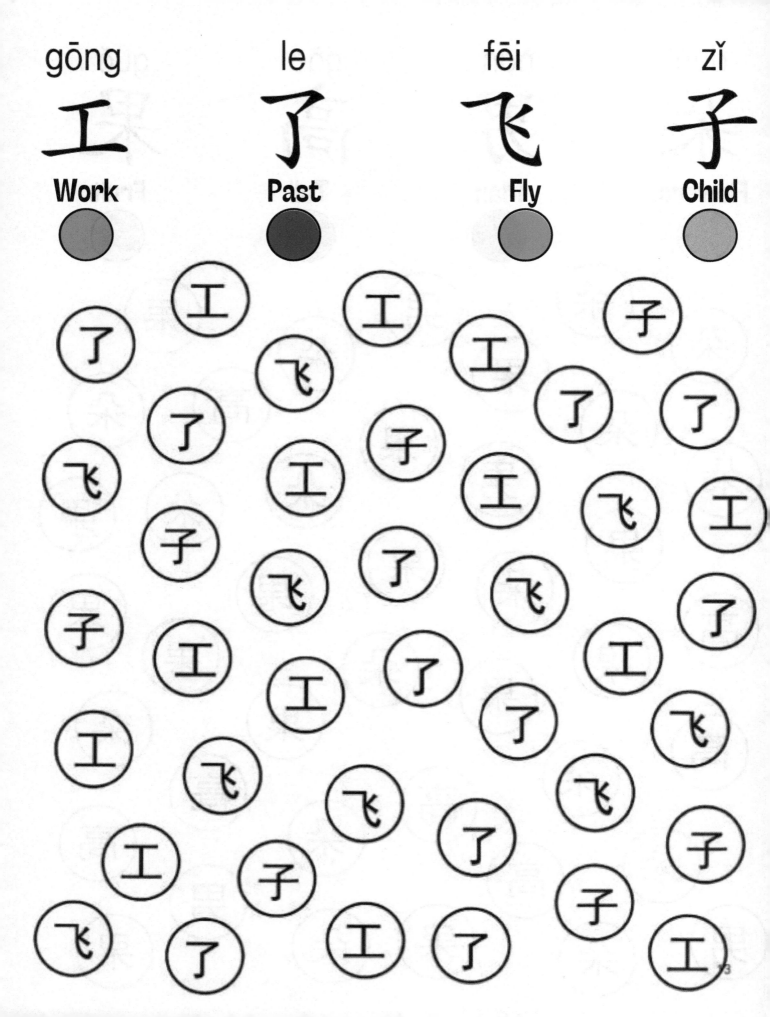

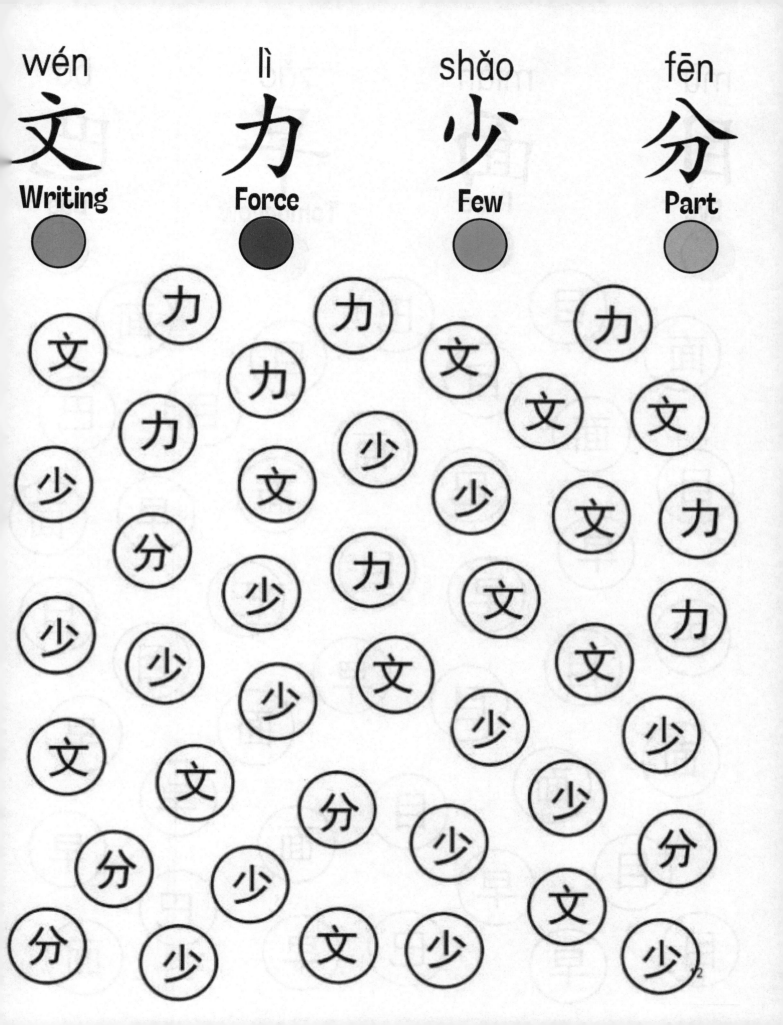

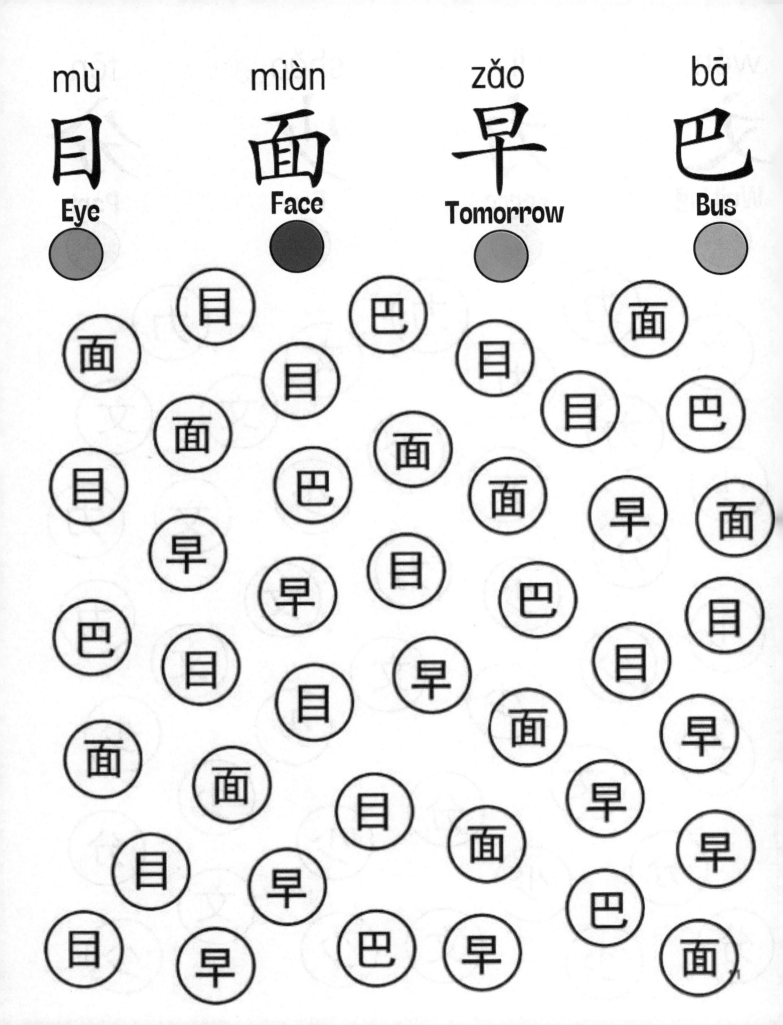

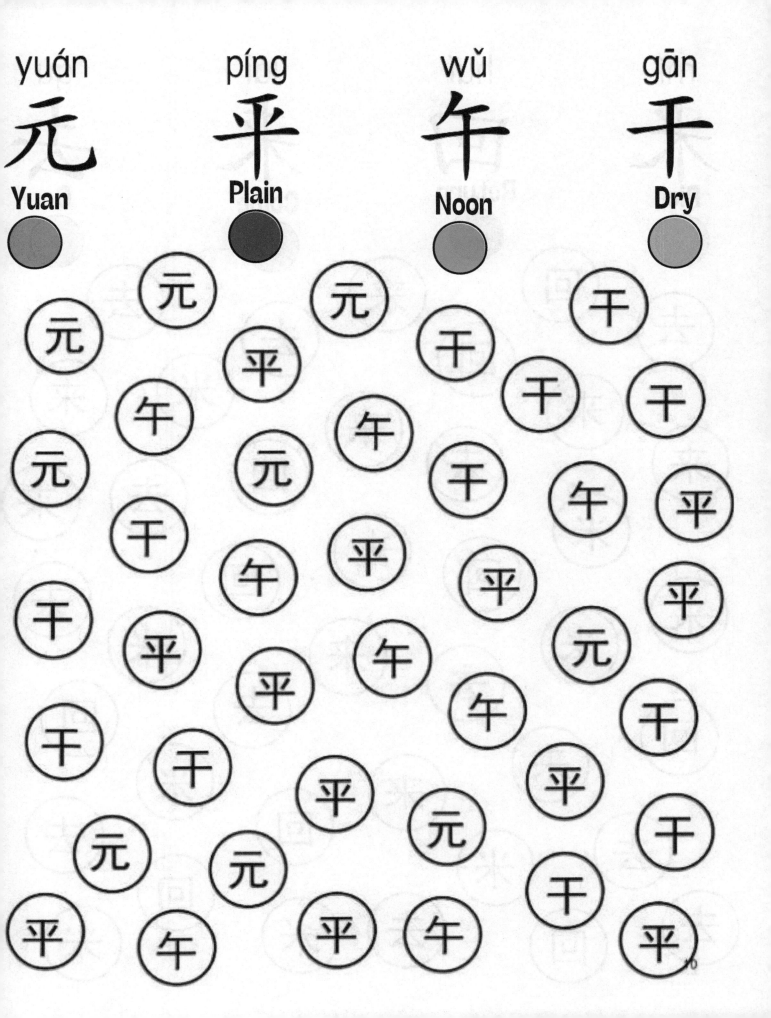

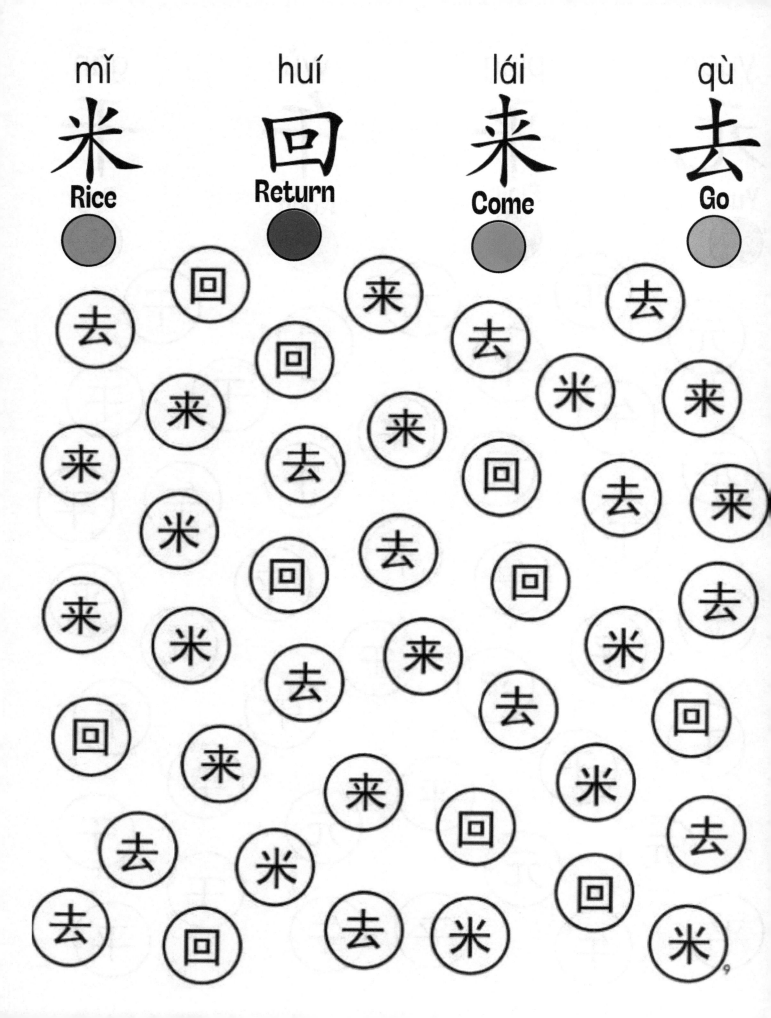

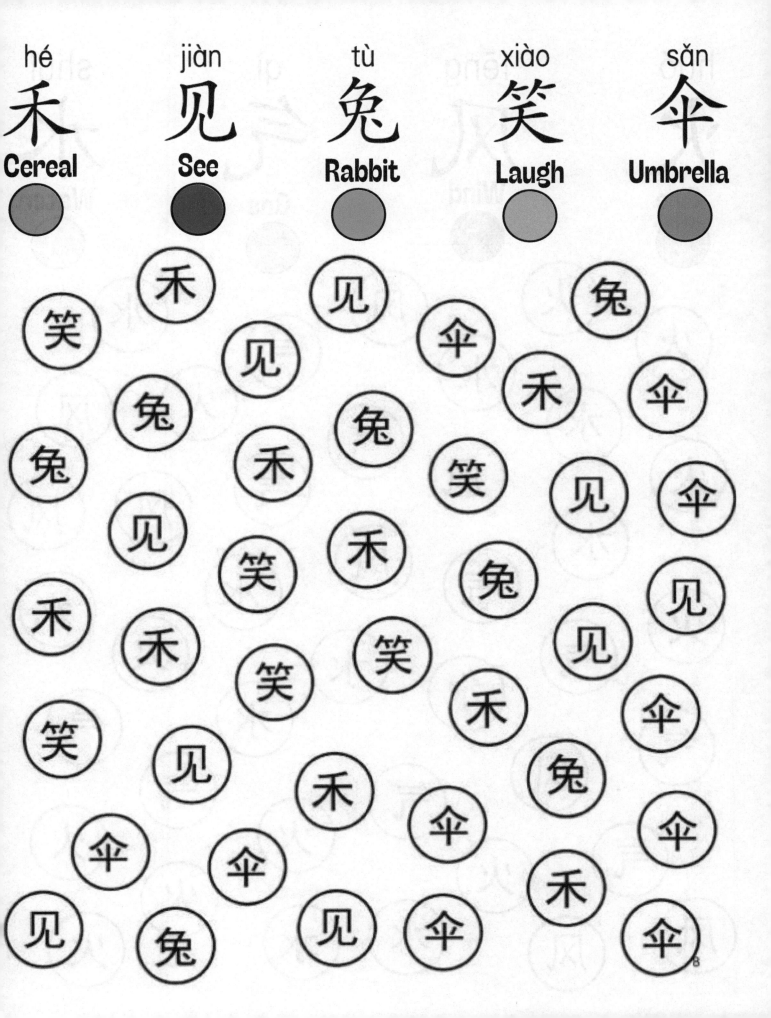

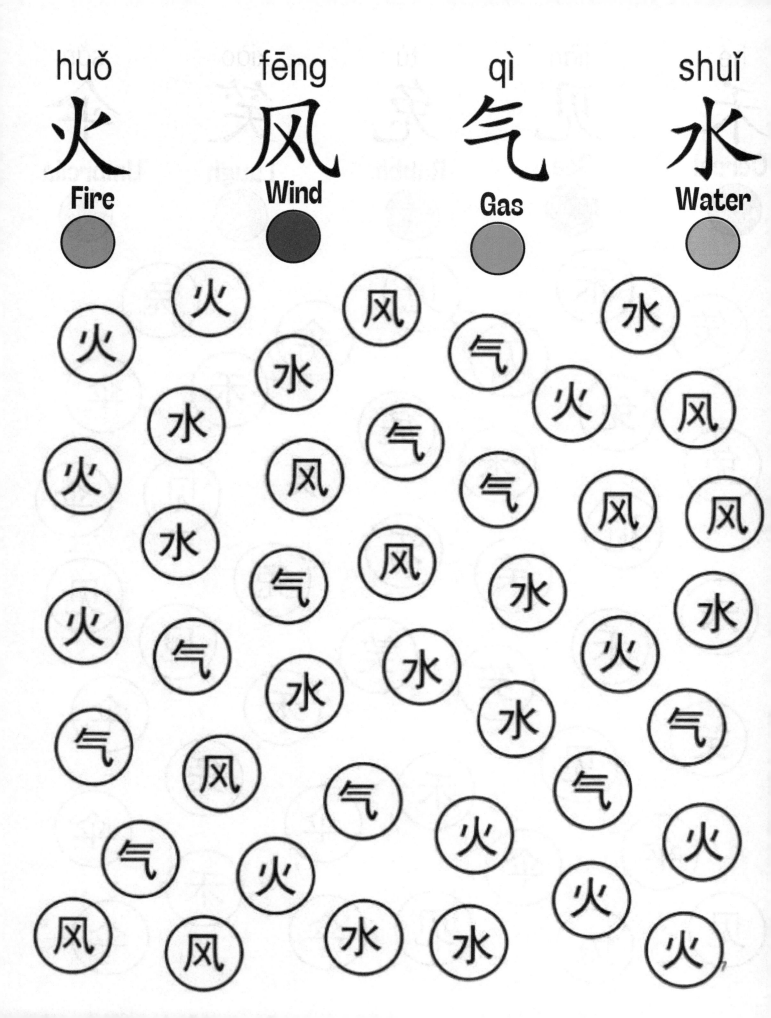

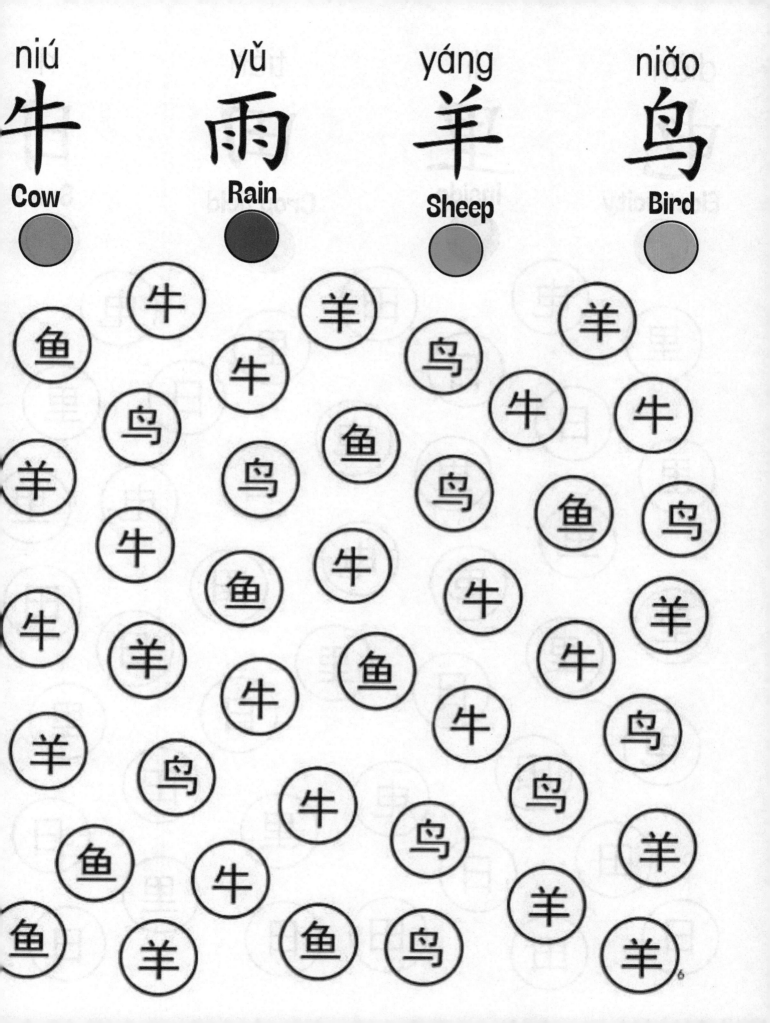

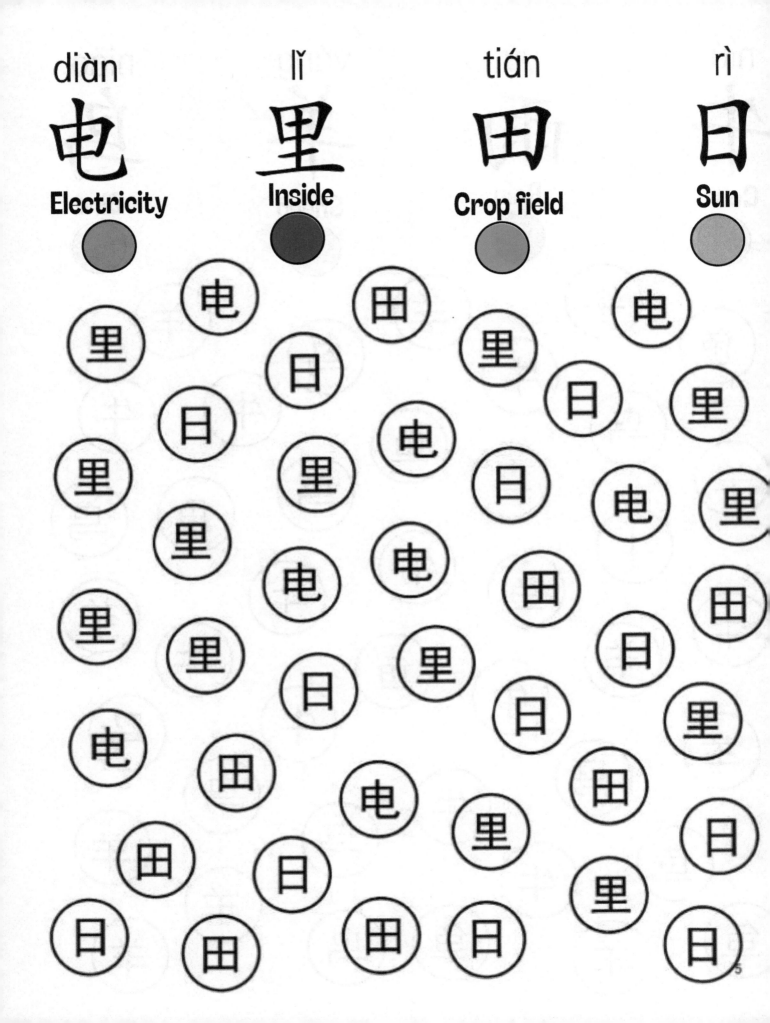

FORM THE SENTENCE BY COLORING THE CHARACTERS

tiān kōng shì tài yáng   yuè liàng   xīng xīng de jiā

天空是太阳，月亮，星星的家

"The sky is the home of the sun, the moon, and the stars."

ENTRANCE ⬇

人	二	天	我	大	笑	太	花
火	五	空	是	的	月	爸	火
明	天	的	太	星	中	星	红
白	云	哭	阳	月	妈	白	花
口	叶	家	里	亮	星	七	月
鼻	子	水	天	三	星	天	亮
孩	人	火	星	亮	的	三	三
子	太	小	火	了	家	人	小

EXIT ⬆

cūn zhuāng lǐ yǒu shān yáng hé shuǐ niú

村庄里有山羊和水牛

"In the village, there are goats and buffaloes."

ENTRANCE ⬇

EXIT ⬅

山	大	村	山	水	笑	太	一
里	人	庄	大	和	小	羊	小
地	小	里	星	星	聪	明	天
下	心	有	山	羊	和	水	牛
天	耳	聪	四	一	天	四	月
月	目	水	心	三	月	天	亮
天	人	火	中	亮	目	三	三
牛	哭	小	心	和	中	天	小

早上， 我看见地上有好多白雪
zǎo shàng wǒ kàn jiàn dì shàng yǒu hǎo duō bái xuě

"In the morning, I saw a lot of snow on the ground."

ENTRANCE ⬇

人	早	天	太	大	小	鸡	一
中	上	我	看	见	月	黄	牛
会	儿	口	升	地	中	花	天
见	大	哭	起	上	有	星	云
天	绿	叶	人	天	好	二	绿
月	小	鸟	天	就	多	青	草
雪	人	火	星	亮	白	黄	三
花	哭	小	火	了	雪	天	小

EXIT ⬆

COLOR THE WORDS (WORD SEARCH)

shān yáng 山羊 **Goat**		xiǎo xīn 小心 **Careful**		dà hé xiǎo 大和小 **Big and small**		shuǐ niú 水牛 **Buffalo**	
xīn zhōng 心中 **In the heart**		sì yuè 四月 **April**		cūn zhuāng 村庄 **Town**		cōng míng 聪明 **Intelligent**	

山	大	村	山	水	笑	太	一
里	人	庄	大	和	小	羊	小
地	小	里	星	星	聪	明	天
下	心	有	山	羊	和	水	牛
天	耳	聪	四	一	天	四	月
月	目	水	心	三	月	天	亮
天	人	火	中	亮	目	三	三
牛	哭	小	心	和	中	天	小

bái yún	hóng huā	yuè liàng	jiā rén	yè zǐ	qī yuè
白云	红花	月亮	家人	叶子	七月
Cloud white	Red flower	Moon	Family	Leaf	July

míng bái	huǒ hóng	wǒ shì	hái zǐ	bí zǐ	huā huǒ
明白	火红	我是	孩子	鼻子	花火
Understand	Burning	I am	Son	Nose	Fires artificial

人	二	天	我	大	笑	太	花
火	五	空	是	的	月	爸	火
明	天	的	太	星	中	星	红
白	云	哭	阳	月	妈	白	花
口	叶	家	里	亮	星	七	月
鼻	子	水	天	三	星	天	亮
孩	人	火	星	亮	的	三	三
子	太	小	火	了	家	人	小

kàn jiàn
看见
See

zǎo shàng
早上
In the morning

xuě rén
雪人
Snowman

xiǎo jī
小鸡
Chick

xiǎo niǎo
小鸟
Birdie

huáng niú
黄牛
Cow

xuě huā
雪花
Snowflake

bái xuě
白雪
White snow

lǜ cǎo
绿草
Green grass

huáng huā
黄花
Yellow flower

dà kū
大哭
Cry loudly

qīng cǎo
青草
Grass

人	早	天	太	大	小	鸡	一
中	上	我	看	见	月	黄	牛
会	儿	口	升	地	中	花	天
见	大	哭	起	上	有	星	云
天	绿	叶	人	天	好	二	绿
月	小	鸟	天	就	多	青	草
雪	人	火	星	亮	白	黄	三
花	哭	小	火	了	雪	天	小

FIND THE WAY BY FOLLOWING THE CHARACTERS

The little rabbit has two long ears

xiǎo tù zǐ yǒu liǎng zhǐ cháng cháng de ěr duǒ
小兔子有两只长长的耳朵

White flowers have bloomed on the tree

shù shàng kāi le bái sè de huā duǒ

树上开了白色的花朵

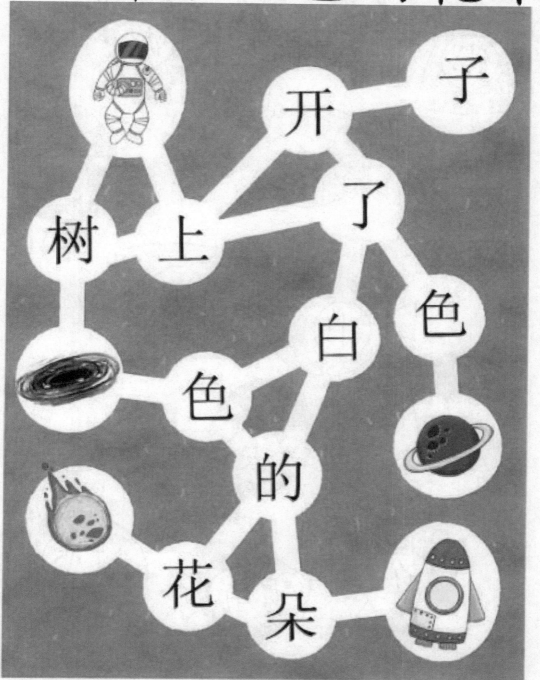

The little fish were swimming in the water

xiǎo yú zài shuǐ zhōng yóu lái yóu qù

小鱼在水中游来游去

I saw the moon in the sky

wǒ　kàn　jiàn　yuè　liàng　zài　tiān　kōng　shàng

我看见月亮在天空上

上　空　天　在　天

有　来　高　亮　下

目　看　见　月　日

的　我　有　的　我

There is a buffalo on the mountain

shān shàng yǒu yī zhǐ shuǐ niú
山上有一只水牛

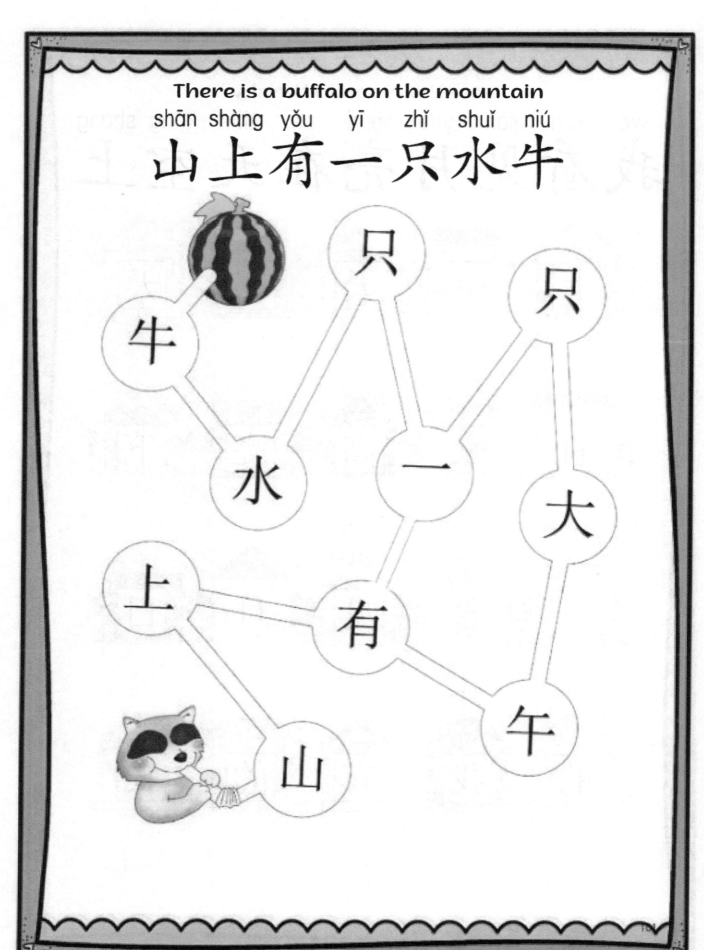

The prince watches the sunrise on the mountain

wáng zǐ zài shān shàng kàn rì chū

王子在山上看日出

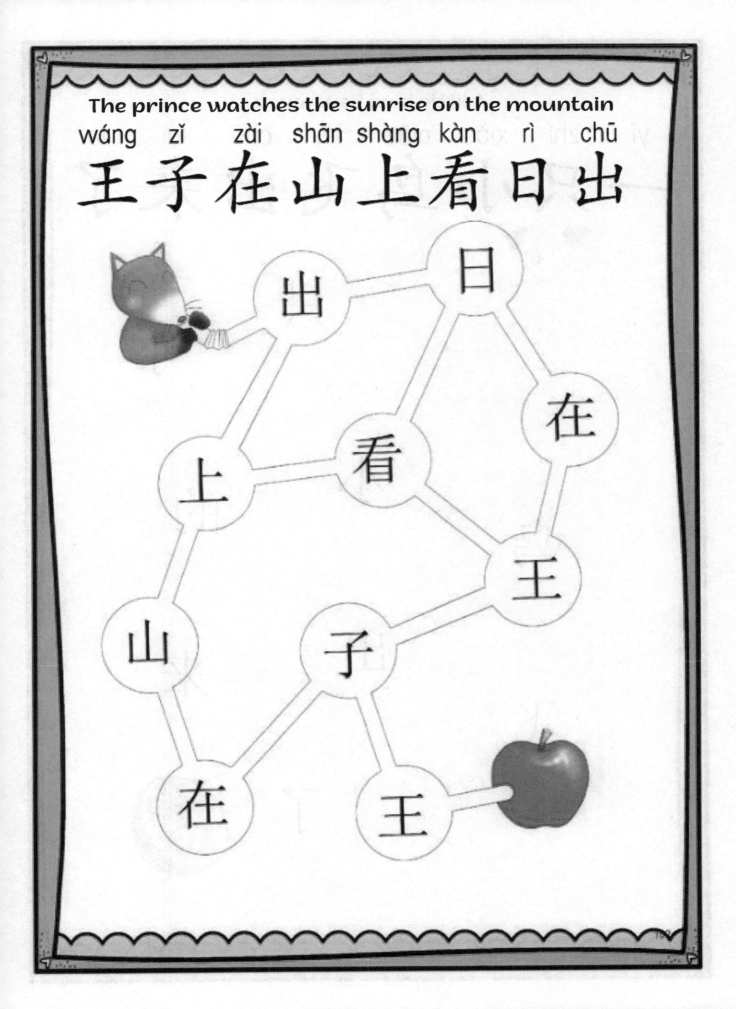

A little bird flew away

yī zhǐ xiǎo niǎo fēi chū lái le

一只小鸟飞出来了

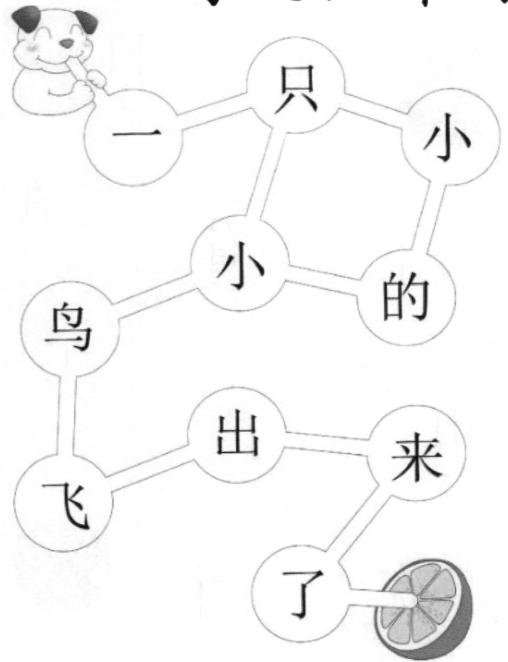

There are many workers in the factory

gōng chǎng lǐ yǒu hěn duō gōng rén

工厂里有很多工人

工 厂 里 有 很 多 干 个 工 人

The king's son is a prince

guó wáng de ér zǐ shì wáng zǐ

国王的儿子是王子

子
王
是
女
了
子
儿
的
国
王

There is a girl at the door

mén　kǒu　yǒu　yī　gè　xiǎo　nǚ　hái

门口有一个小女孩

有

一

口

个

门

人

小

是

女

孩

The weather today is good

jīn tiān tiān qì hěn hǎo

今天天气很好

天

日

天

今

气

子

很

好

气

女

Draw a smiling face

huà shàng yī zhāng xiào liǎn

画上一张笑脸

REACH THE EXIT BY FOLLOWING THE CHARACTERS

chuáng qián míng yuè guāng

床－前－明－月－光

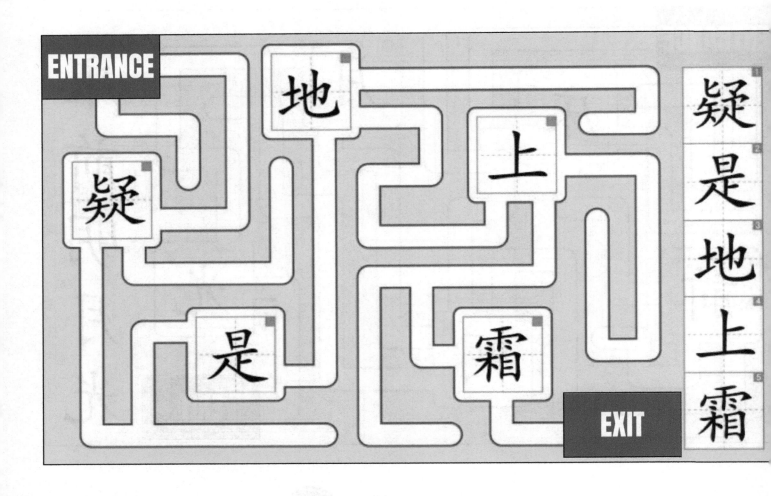

疑 yí — 是 shì — 地 dì — 上 shàng — 霜 shuāng

jǔ	tóu	wàng	míng	yuè
举 –	头 –	望 –	明 –	月

dī － tóu － sī － gù － xiāng
低－头－思－故－乡

yī — zhǐ — máo — máo — chóng

一 — 只 — 毛 — 毛 — 虫

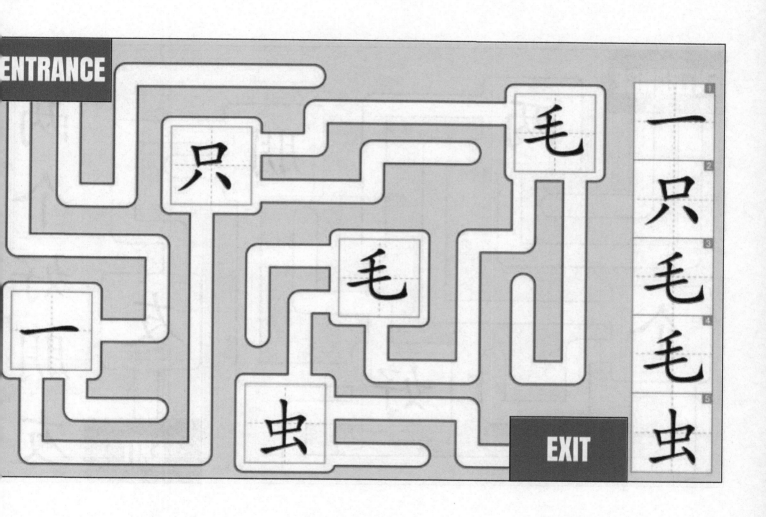

liǎng gè hǎo péng yǒu

两 – 个 – 好 – 朋 – 友

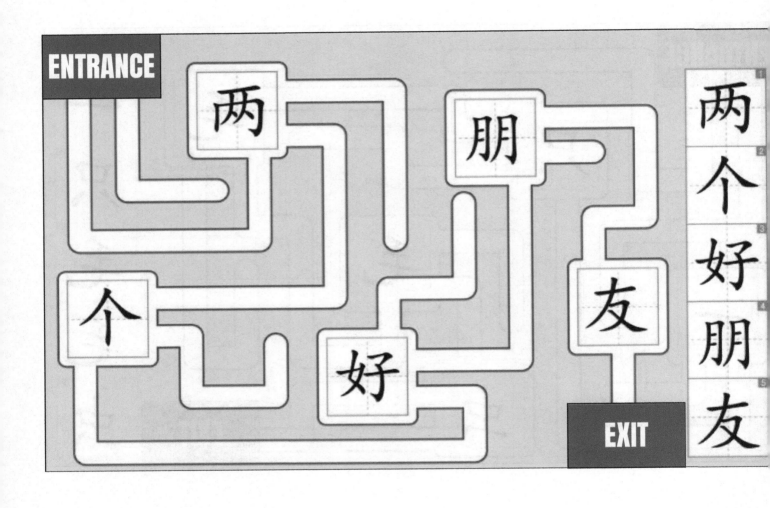

十 — 个 — 手 — 指 — 头

shí — gè — shǒu — zhǐ — tóu

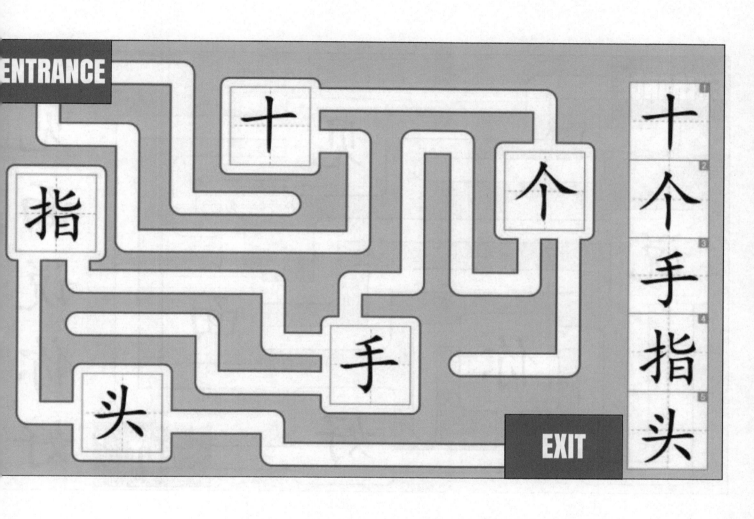

jiàn	miàn	shuō	nǐ	hǎo
见 — 面 — 说 — 你 — 好

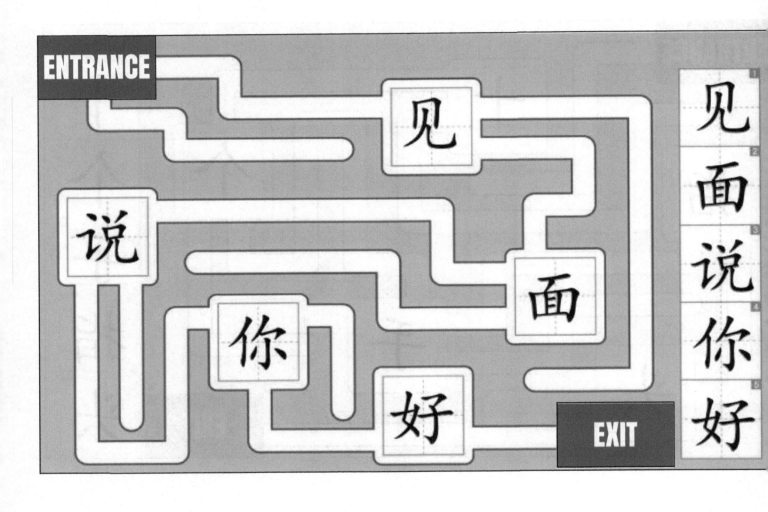

shàng	chē	yǒu	xiān	hòu
上	车	有	先	后

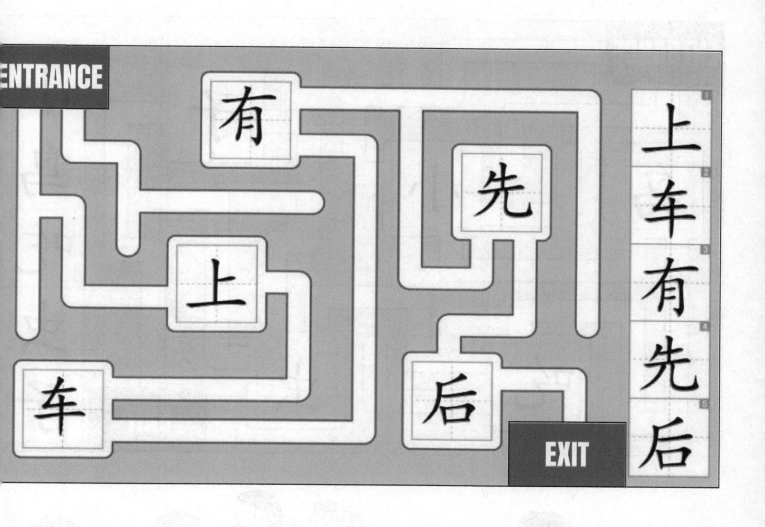

小 — 鸟 — 吃 — 虫 — 子

xiǎo niǎo chī chóng zǐ

dà   shū   hé   xiǎo   cǎo

大 — 叔 — 和 — 小 — 草

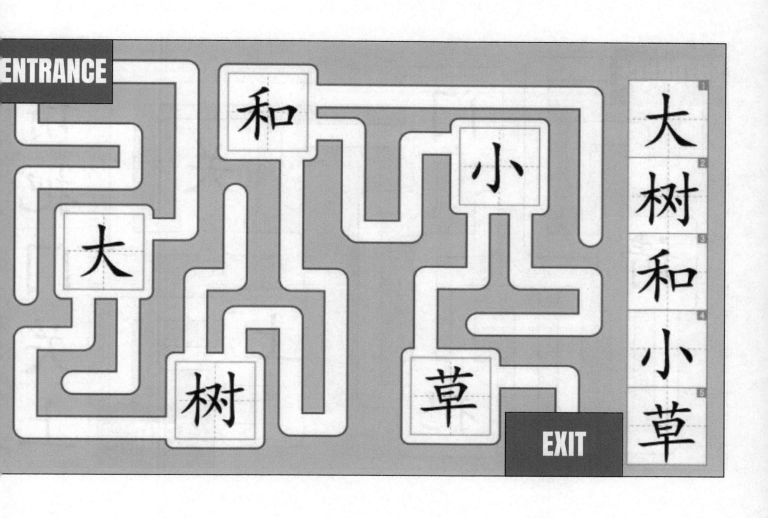

大树和小草

qǐng	bǎ	mén	guān	shàng
请 –	把 –	门 –	关 –	上

jīn - tiān - zhēn - gāo - xīng
今－天－真－高－兴

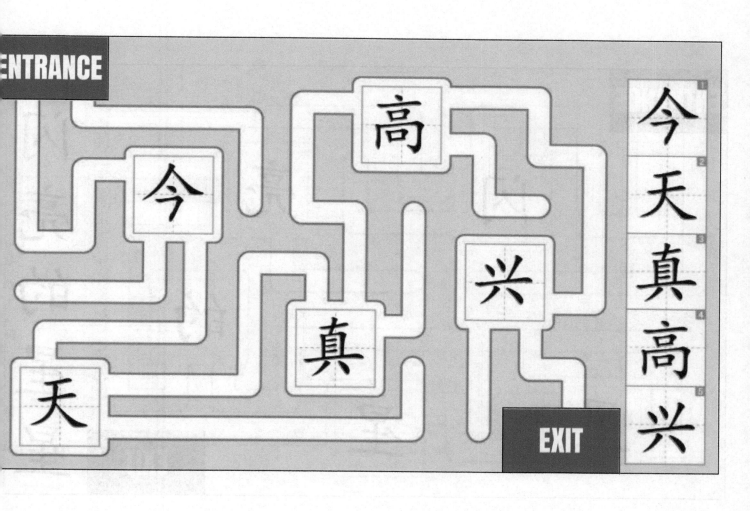

shǎn　liàng　de　xīng　xīng

闪－亮－的－星－星

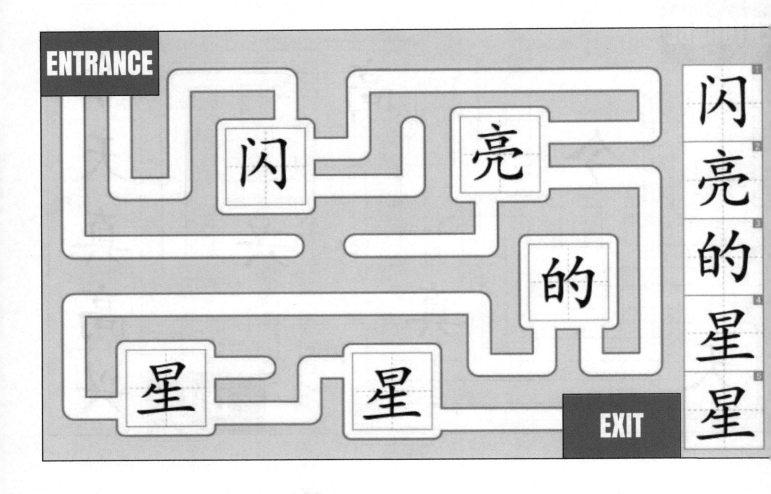

jiě	jiě	hé	dì	dì
姐 —	姐 —	和 —	弟 —	弟

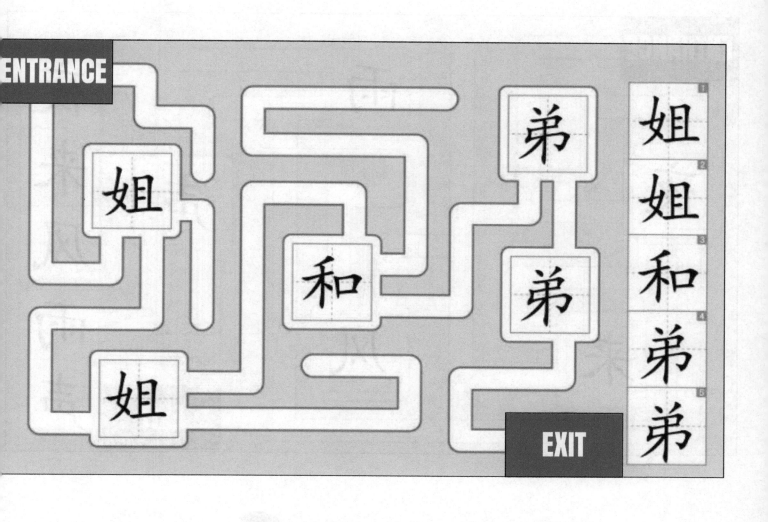

yè　lái　fēng　yǔ　shēng

夜 — 来 — 风 — 雨 — 声

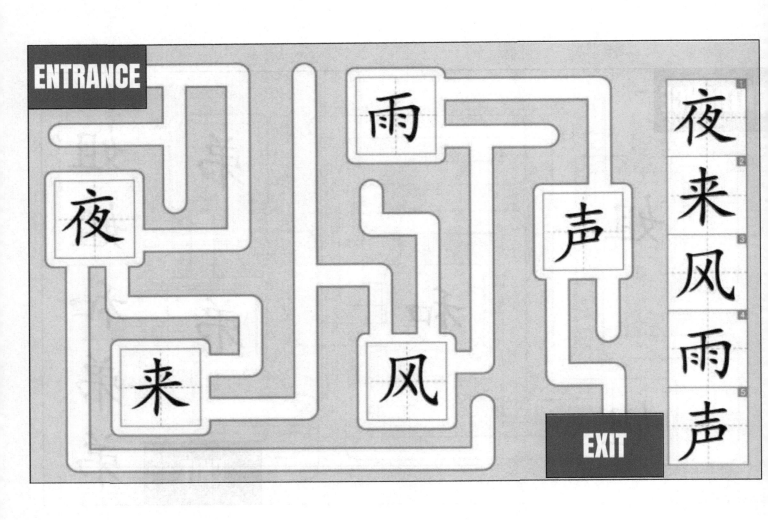

huā — luò — zhī — duō — shǎo

花－络－知－多－少

ENTRANCE

EXIT

花落知多少

红 hóng – 豆 dòu – 生 shēng – 南 nán – 国 guó

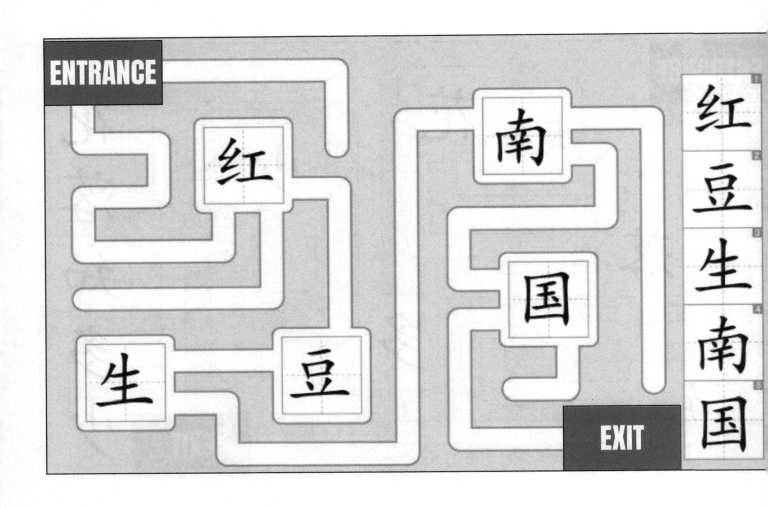

MATCH THE SAME CHARACTERS

dà xiàng
大象

mián yáng
绵羊

shī zǐ
狮子

xióng māo
熊猫

hóu zǐ
猴子

shī zǐ
狮子

mián yáng
绵羊

hóu zǐ
猴子

xióng māo
熊猫

dà xiàng
大象

mián yáng
绵羊

xióng māo
熊猫

shī zǐ
狮子

hóu zǐ
猴子

dà xiàng
大象

xué xiào
学校

tóng xué
同学

lǎo shī
老师

shū
书

xiào chē
校车

lǎo shī
老师

tóng xué
同学

xiào chē
校车

shū
书

xué xiào
学校

xué xiào
学校

lǎo shī
老师

xiào chē
校车

tóng xué
同学

shū
书

tài yáng
太阳

xīng xīng
星星

yuè liàng
月亮

dì qiú
地球

xīng xīng
星星

tài yáng
太阳

dì qiú
地球

hǎi yáng
海洋

hǎi yáng
海洋

yuè liàng
月亮

tài yáng
太阳

yuè liàng
月亮

xīng xīng
星星

dì qiú
地球

hǎi yáng
海洋

hǎi tún
海豚

shā yú
鲨鱼

hǎi bào
海豹

zhāng yú
章鱼

shā yú
鲨鱼

páng xiè
螃蟹

zhāng yú
章鱼

hǎi bào
海豹

páng xiè
螃蟹

hǎi tún
海豚

hǎi tún　　hǎi bào　　shā yú　　zhāng yú　　páng xiè
海豚　　海豹　　鲨鱼　　章鱼　　螃蟹

kǒu
口

tóu
头

yǎn jīng
眼睛

kǒu
口

bí zǐ
鼻子

bí zǐ
鼻子

ěr duǒ
耳朵

yǎn jīng
眼睛

tóu
头

ěr duǒ
耳朵

kǒu
口

yǎn jīng
眼睛

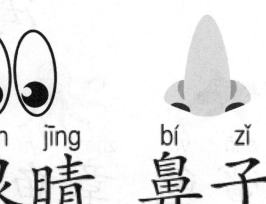

bí zǐ
鼻子

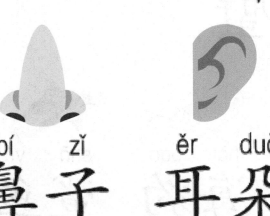

ěr duǒ
耳朵

tóu
头

píng guǒ
苹果

xiāng jiāo
香蕉

xiāng jiāo
香蕉

píng guǒ
苹果

máng guǒ
芒果

cǎo méi
草莓

cǎo méi
草莓

xī guā
西瓜

xī guā
西瓜

máng guǒ
芒果

píng guǒ
苹果

xiāng jiāo
香蕉

máng guǒ
芒果

cǎo méi
草莓

xī guā
西瓜

zhuō zǐ
桌 子

bēi zǐ
杯 子

yǐ zǐ
椅 子

zhuō zǐ
桌 子

bēi zǐ
杯 子

pán zǐ
盘 子

pán zǐ
盘 子

sháo zǐ
勺 子

sháo zǐ
勺 子

yǐ zǐ
椅 子

bēi zǐ
杯 子

zhuō zǐ
桌 子

pán zǐ
盘 子

sháo zǐ
勺 子

yǐ zǐ
椅 子

pǎo bù
跑步

yóu yǒng
游泳

shuō huà
说话

tiào wǔ
跳舞

wán
玩

shuō huà
说话

pǎo bù
跑步

tiào wǔ
跳舞

wán
玩

yóu yǒng
游泳

pǎo bù
跑步

yóu yǒng
游泳

shuō huà
说话

tiào wǔ
跳舞

wán
玩

chī fàn	kàn shū
吃饭	看书

shuì jiào	shuì jiào
睡觉	睡觉

xué xí	chī fàn
学习	吃饭

chàng gē	xué xí
唱歌	学习

kàn shū	chàng gē
看书	唱歌

chī fàn

shuì jiào

xué xí

chàng gē

kàn shū

吃饭　睡觉　学习　唱歌　看书

xié zǐ
鞋子

wà zǐ
袜子

chèn shān
衬衫

xié zǐ
鞋子

wà zǐ
袜子

mào zǐ
帽子

mào zǐ
帽子

kù zǐ
裤子

kù zǐ
裤子

chèn shān
衬衫

xié zǐ
鞋子

chèn shān
衬衫

wà zǐ
袜子

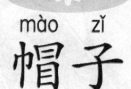
mào zǐ
帽子

kù zǐ
裤子

COLOR THE DRAWING

MOTHER

MĀ　MĀ
妈妈

FATHER

BÀ BA

爸爸

GRANDFATHER

YÉ　YÉ

爷爷

GRANDMOTHER

NǍI NAI

奶奶

OLDER BROTHER

GĒ GĒ

哥 哥

YOUNGER BROTHER

DÌ   DÌ

弟 弟

OLDER SISTER

JIĚ   JIĚ
姐姐

YOUNGER SISTER

MÈI MEI

妹妹

PANDA

XIÓNG MĀO
熊 猫

DOG

GŎU

狗

RABBIT

TÙ　ZǏ

兔子

LION

SHĪ　ZI

狮 子

ELEPHANT

DÀ XIÀNG

大象

BACKPACK

SHŪ   BĀO

书包

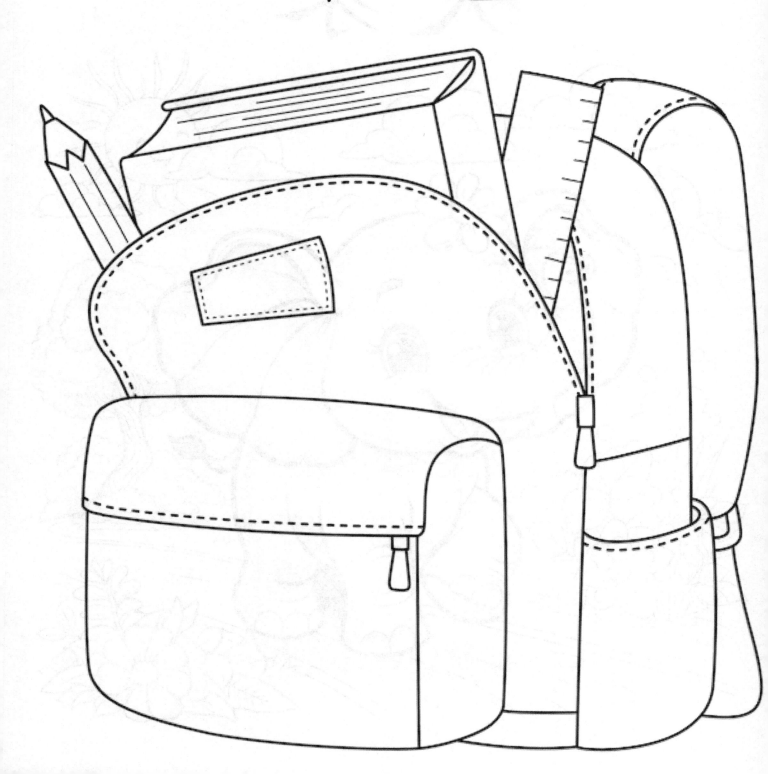

SCHOOL BUS

XIÀO CHĒ

校车

COLOR THE CHARACTERS

马 (Mǎ) Horse.

Note: *Simplified pictogram of a horse.*

人 (Rén) Person, people, human being.

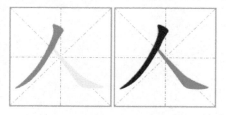

Note: Pictogram of a standing person.

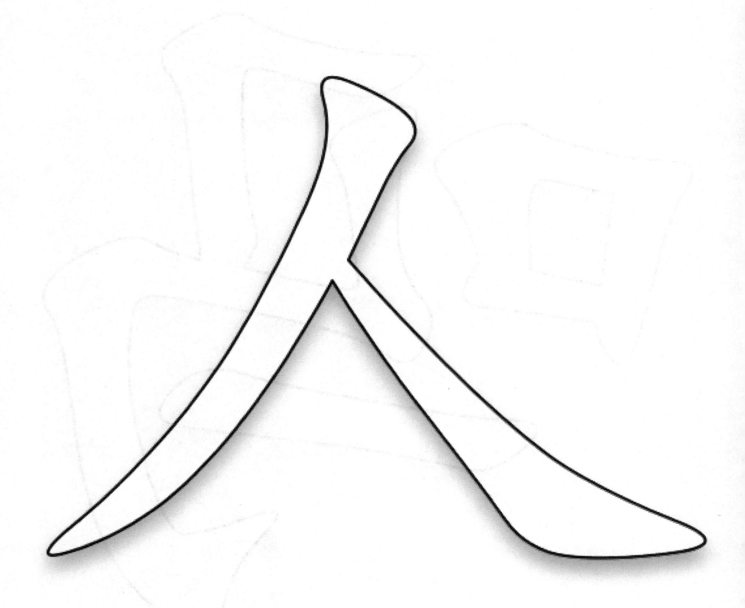

国 (Guó) State, country, nation.

国 国 冂 冂 冃 国

国 国

Note: Associative character of a jade stone （玉） protected by guarded borders, which conveys the idea of a country or nation.

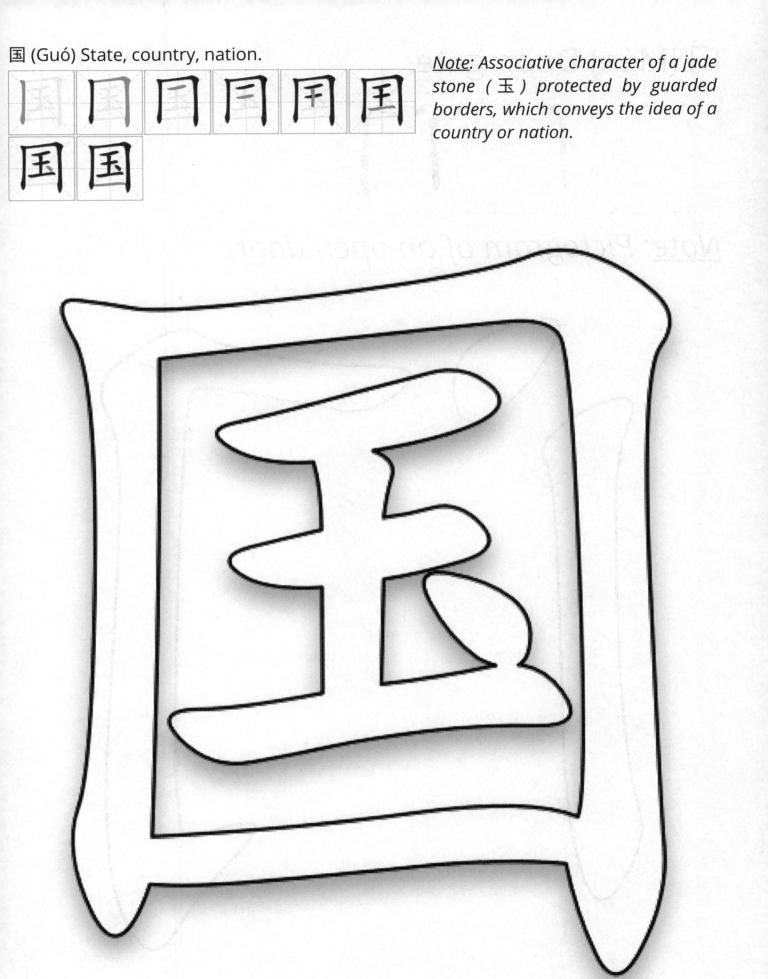

门 (Mén) Door, gate.

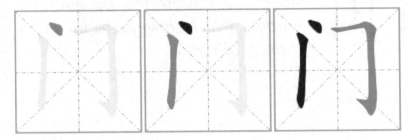

Note: Pictogram of an open door.

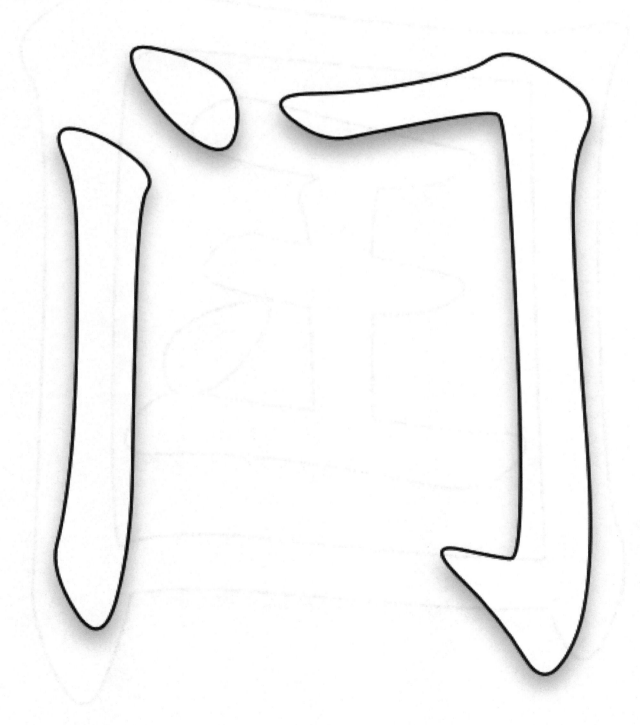

木 (Mù) Tree, wood.

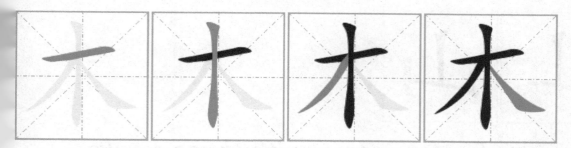

Note: Pictogram of a tree.

山 (Shān) Mountain.

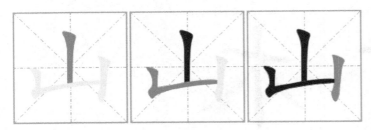

Note: *Pictogram of a mountain with three peaks.*

水 (Shuǐ) Water.

Note: Pictogram of a stream of water in the center with drops splashing on the sides.

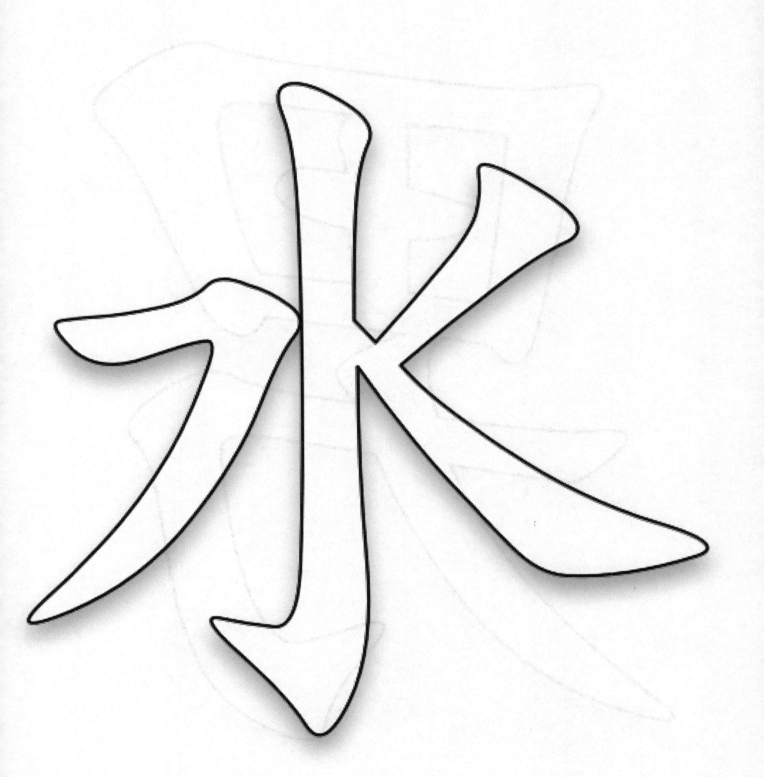

男 (Nán) Man, masculine.

Note: Associative character of Field (田) and Strength (力), in ancient times generally those who worked in the fields were men due to their physical strength.

女 (Nǚ) Woman, female.

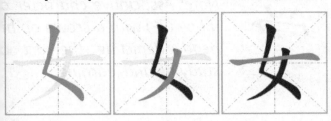

<u>Note:</u> *Pictogram of a woman walking with outstretched arms.*

学 (Xué) Learn, study.

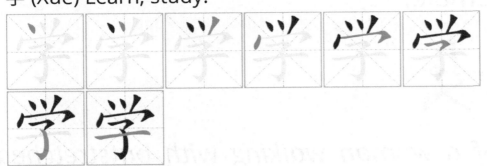

Note: Associative character of a boy (子) with a crown on his head, depicting the act of studying and learning.

果 (Guǒ) Fruit, result.

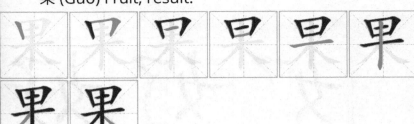

Note: *Associative character formed by the pictograms of "Crop field" (田) and "Tree" (木). This ideogram represents the image of a tree planted in cultivated land, symbolizing the idea of a tree that produces fruit.*

好 (Hǎo) Good.

Note: Associative character of a woman (女) with her young son (子).

云 (Yún) Cloud.

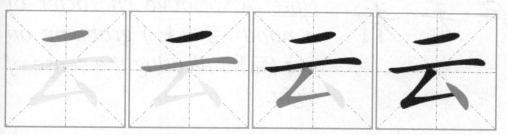

Note: *Simplified pictogram of clouds.*

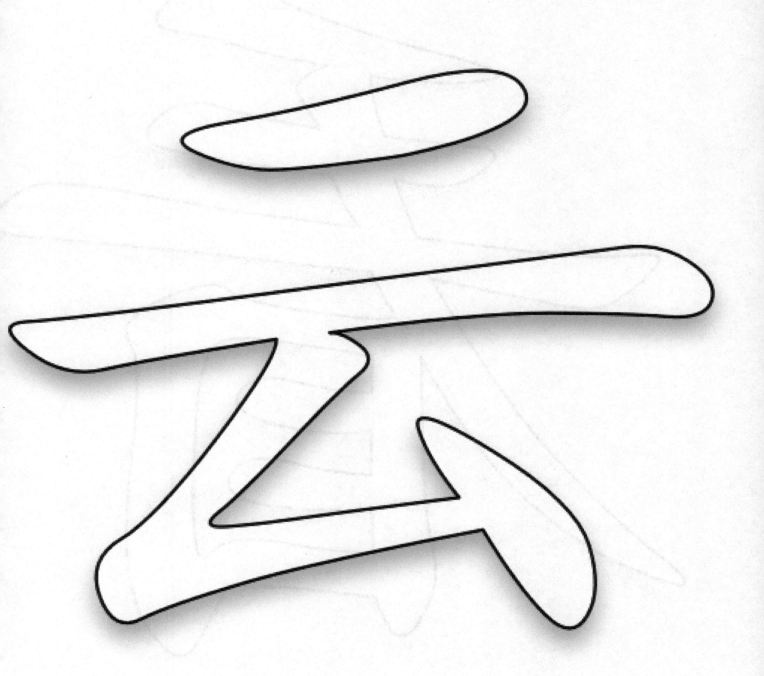

看 (Kàn) See, look, read.

Note: *Associative character of a hand (手 = 扌) grabbing an eye (目) indicating the sense of sight.*

想 (Xiǎng) Want, think, imagine.

Note: Associative character of tree (木), eye (目) and heart (心). The union of these three characters conveys the idea of an eye seeing a tree and beginning to think, imagine and desire its fruit.

风 (Fēng) Wind, style, custom.

**Note**: Pictogram of a gust of wind seen from inside a cave.

体 (Tǐ) Body, substance, style, system.

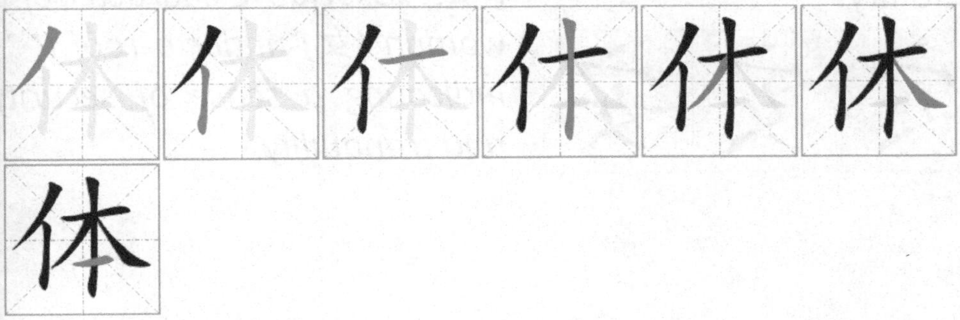

体　体　亻　什　休　休

体

Note: Associative character of a person (人=亻) with his body represented by a tree (木) and its root (本).

安 (Ān) Security, calm, tranquility.

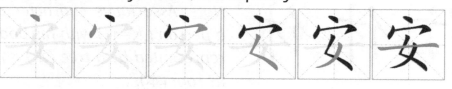

Note: Associative character of a woman (女) under a roof (宀) indicating a sense of security and tranquility.

车 (Chē) Car, vehicle.

Note: Simplified pictogram of a carriage.

听 (Tīng) Listen, hear.

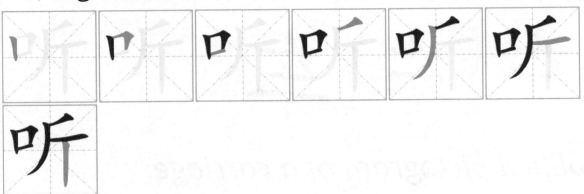

Note: Associative character of a person, represented by a mouth (口) listening to the sound of an Ax (斤).

LEARN THE NUMBERS

yī

一

èr

二

sān

三

sì

四

wǔ

五

liù

六

qī

bā

jiǔ

九

shí

十

一 二
三 四
五 六
七 八
九 十

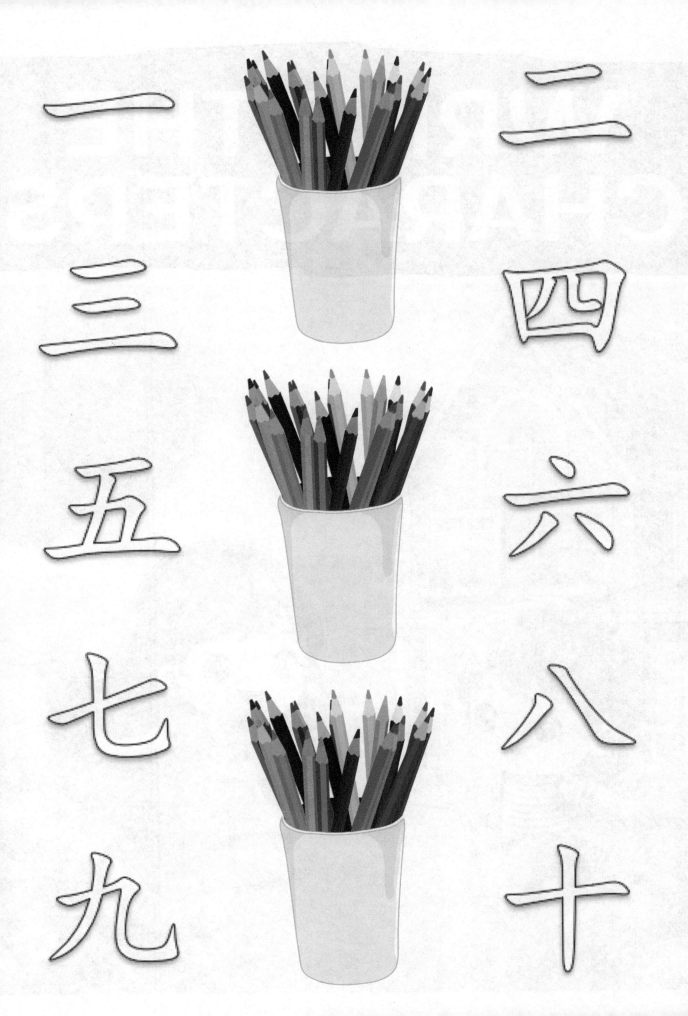

WRITE THE CHARACTERS

rén

(RÉN) PERSON, HUMAN BEING.

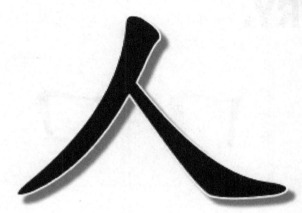

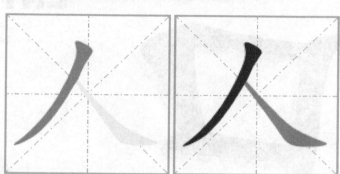

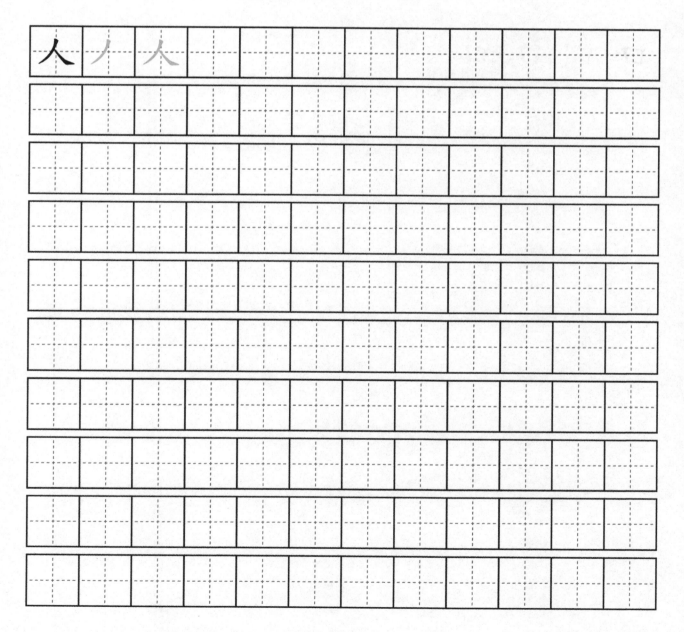

kǒu

(KǑU) MOUTH, EXIT, ENTRY.

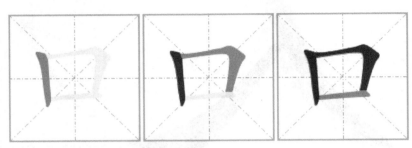

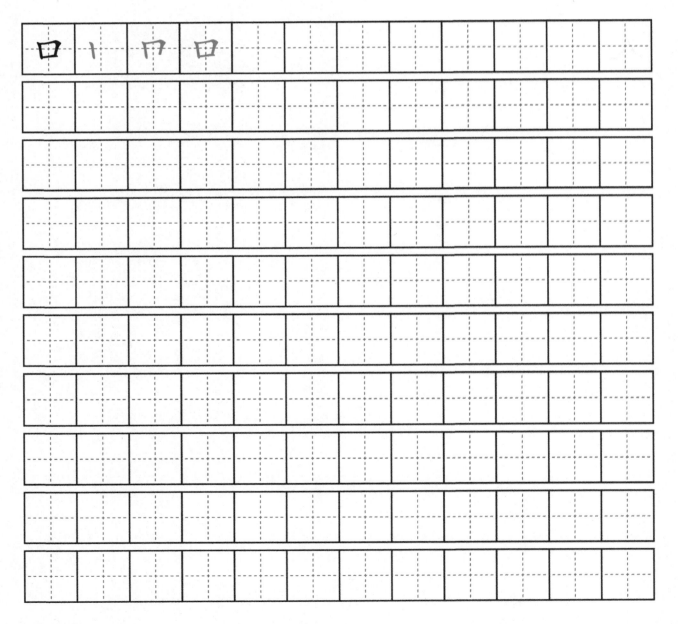

日

(RÌ) DAY, SUN.

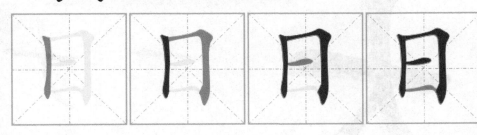

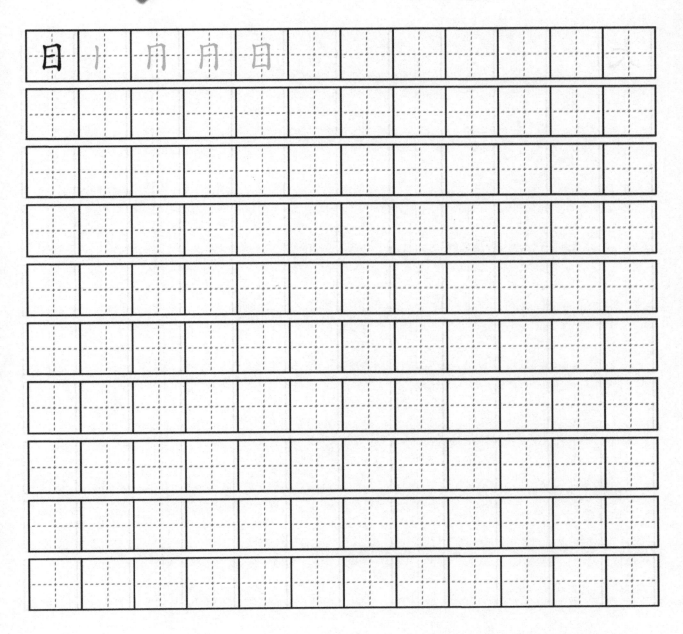

dà

(DÀ) BIG.

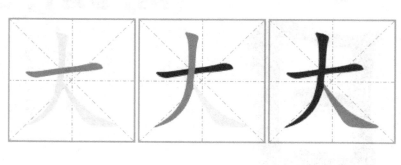

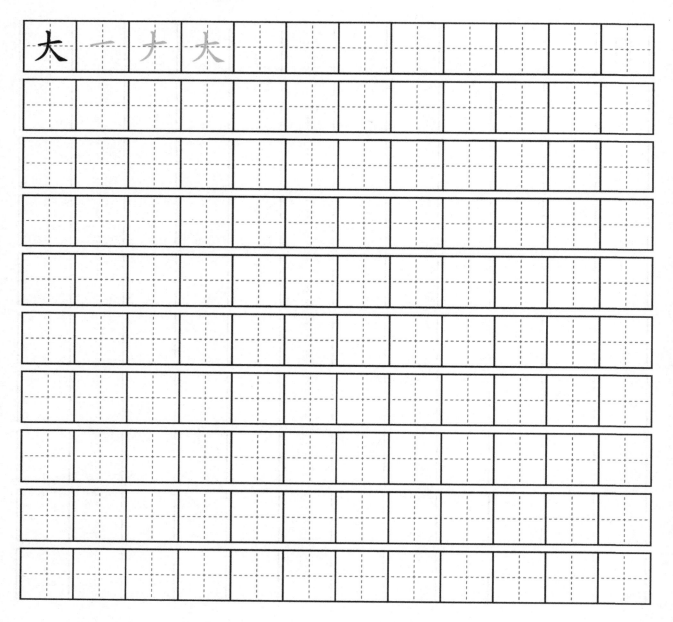

shān

(SHĀN) MOUNTAIN.

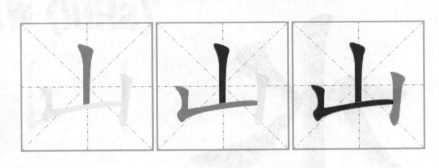

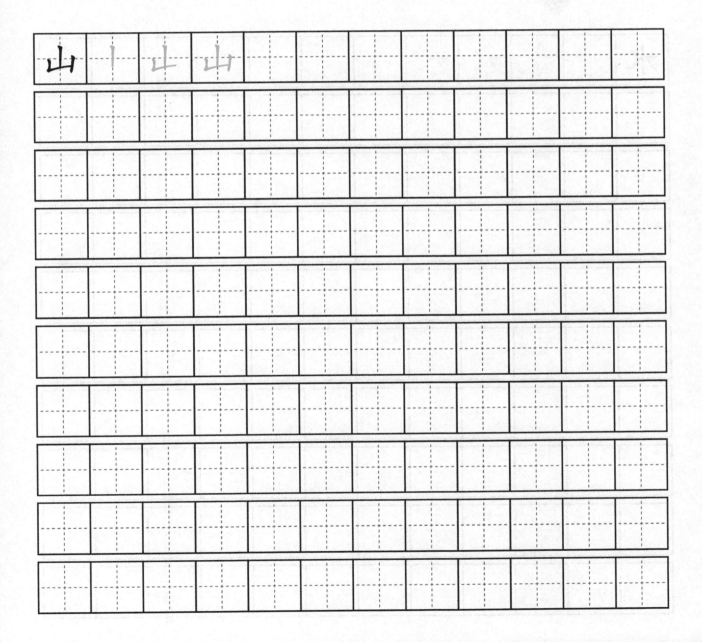

shuǐ

(SHUǏ) WATER.

水 亅 水 水 水

mù

(MÙ) TREE, WOOD.

yuè

月

(YUÈ) MONTH, MOON.

(NǓ) WOMAN, FEMALE.

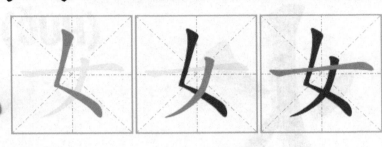

huǒ

(HUǑ) FIRE.

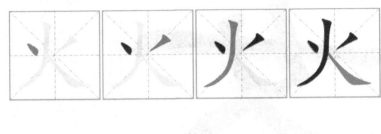

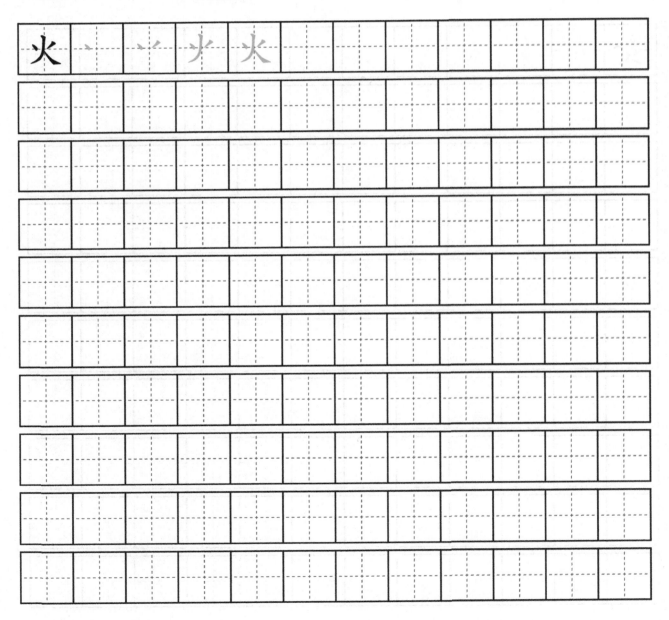

mǎ

(MǍ) HORSE.

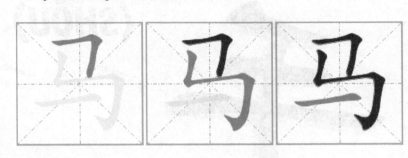

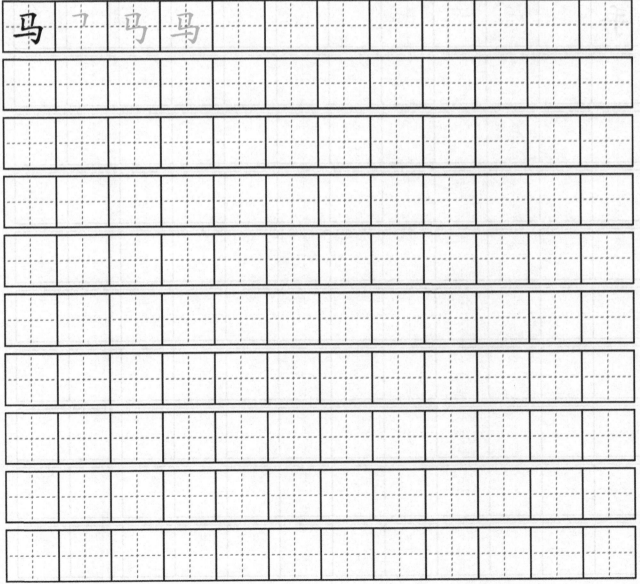

shǒu

(SHǑU) HAND.

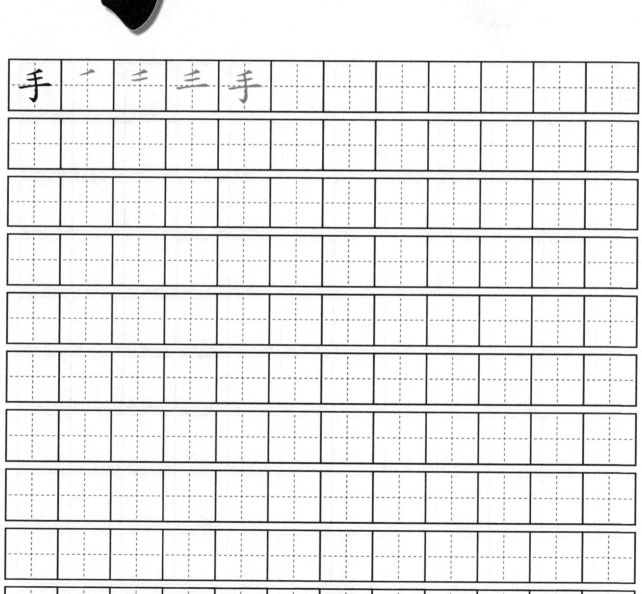

mén

(MÉN) DOOR, GATE.

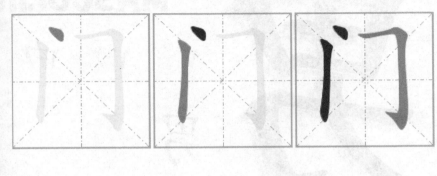

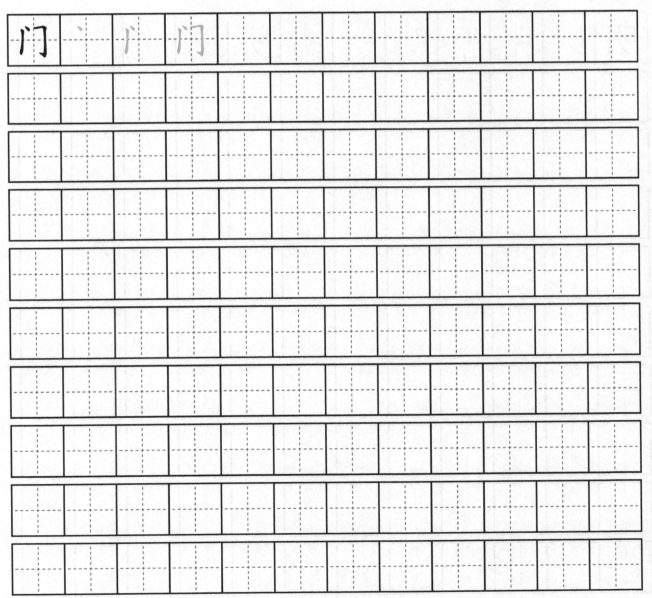

(NÁN) MAN, MASCULINE.

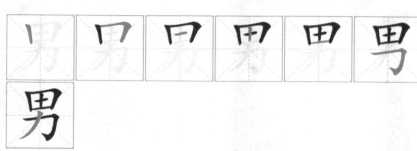

男 | 丨 | 冂 | 冃 | 日 | 田 | 明 | 明 | 明

míng
明

(MÍNG) BRIGHT, LIGHT.

明	刀 明	日 明	日	日 明	明
明	明				

男	丶	宀	申	申	申	界	男				

xīn

(XĪN) HEART.

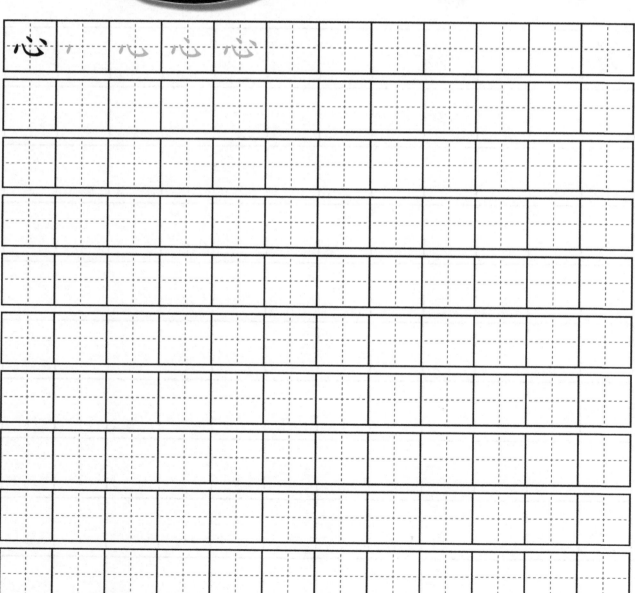

tiān

(TIĀN) HEAVEN, DAY.

fēi

(FĒI) FLY.

XUÉ

(XUÉ) LEARN, STUDY.

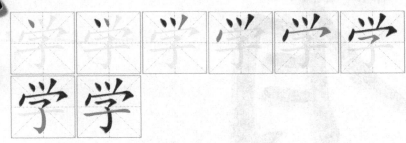

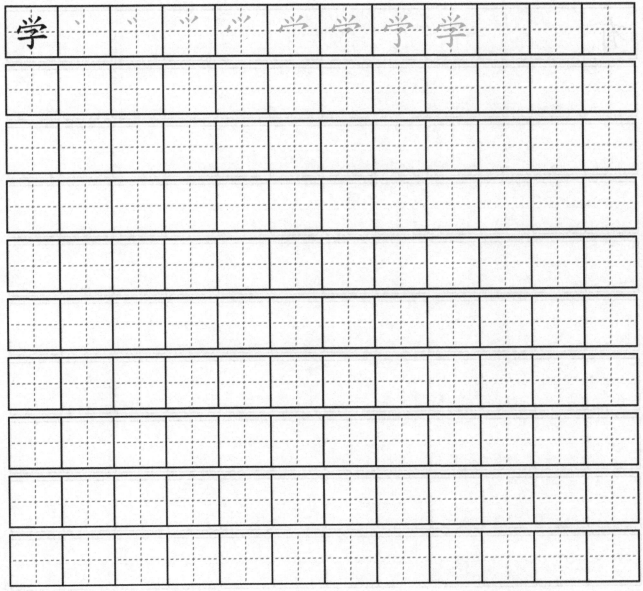

yǒu

(YǑU) HAVE.

一 オ 才 冇 有 有

有 一 オ 才 冇 有 有

MORE RESOURCES TO LEARN CHINESE

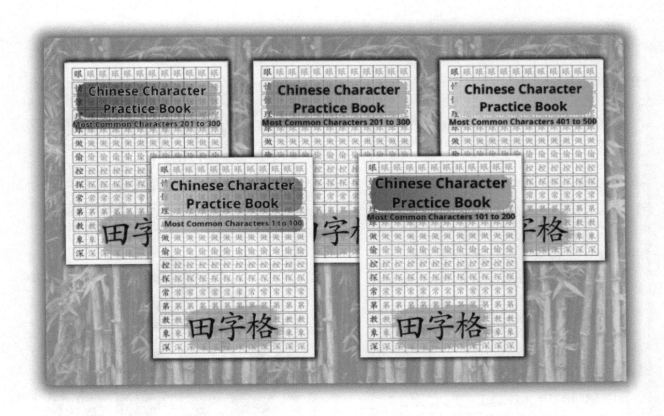

1. CHINESE CHARACTER WRITING WORKBOOK TIÁNZÌGÉ: MOST COMMON CHINESE CHARACTERS HÀNZÌ 1 TO 100 ISBN-979-8873720583

2. CHINESE CHARACTER WRITING WORKBOOK TIÁNZÌGÉ: MOST COMMON CHINESE CHARACTERS HÀNZÌ 101 TO 200 ISBN-979-8873721283

3. CHINESE CHARACTER WRITING WORKBOOK TIÁNZÌGÉ: MOST COMMON CHINESE CHARACTERS HÀNZÌ 201 TO 300 ISBN-979-8873721634

4. CHINESE CHARACTER WRITING WORKBOOK TIÁNZÌGÉ: MOST COMMON CHINESE CHARACTERS HÀNZÌ 301 TO 400 ISBN-979-8873851386

5. CHINESE CHARACTER WRITING WORKBOOK TIÁNZÌGÉ: MOST COMMON CHINESE CHARACTERS HÀNZÌ 401 TO 500 ISBN-979-8873821990

MORE RESOURCES TO LEARN CHINESE

THE LOGIC OF CHINESE CHARACTERS: MNEMONIC METHOD FOR LEARNING CHINESE CHARACTERS

ISBN-BOCWRFGHQP

CHENGYU 成语: CHINESE PROVERBS AND SAYINGS - MOST USED CHINESE IDIOMS AND EXPRESSIONS: ILLUSTRATED STORIES WITH PINYIN

ISBN-979-8332748516

Made in the USA
Las Vegas, NV
28 November 2024